AF389831

La Civilité

PUERILE ET HONESTE

pour l'instruction des Enfans.

EN LAQUELLE EST MISE AU
commencement la maniere d'aprendre à bien
lire, prononcer & écrire, de nouveau cor-
rigée & augmentée à la fin d'un très-beau
Traité pour bien aprendre l'Orthographe.

Ensembles les beaux Preceptes & enseignemens
pour apprendre la jeunesse à se bien conduire
dans les Compagnies.

A ANGERS.
Chez la Veuve de JEAN HUBAULT,
Imprimeur & Libraire, Ruë S. Michel.

M. DCC. XXXIV.

AU LECTEUR.

SI tu veux apprendre Science,
Crains Dieu en toute reverence,
Souvent pense à t'humilier,
En ton secret pour le prier.

Sois attentif & débonnaire,
Continuant sans autre affaire,
Sage, prudent, laborieux,
Du monde ne sois curieux.

En nul peché ne te déborde,
Ce qu'à apris souvent recorde,
Et enseigne à qui tu pourras,
Cela faisant, sçavant seras,

OBSERVATIONS FAITES
par l'Auteur.

IL me semble à entendre le Poëte, Homére, qu'entre tous ceux qui ont eu charge d'enseigner la Jeunesse, le Precepteur d'Achiles nommé Pinix, ait le plus merité de loüanges pour son grand sçavoir; Il seroit donc à souhaiter que tous ceux qui se meslent d'instruire les Enfans, eussent les perfections & l'équité de ce digne personnage, parce que la Jeunesse y trouveroit une utilité necessaire & durable.

Plutarque, dit qu'il faut, sur toutes choses, donner à la Jeunesse des Maîtres de bonnes mœurs, d'autant que la bonne doctrine est le fondement de la vraye sagesse.

Je reprens de même les Peres & les Meres, qui sans choisir les bons Precepteurs, confient

leurs enfans à des gens d'une vie irregulieres,
lesquels, sous ombre d'une capacité apparante,
seduisent les simples, ausquels ils persuadent
qu'ils sont, ce qu'ils ne sont pas en effet. —

Ce que le même Plutarque reprend en disant ; il faut premierement sçavoir si celui à
qui on confie les enfans est capable & digne
d'être employé. Ainsi Peres & Meres sui-
vez en ceci l'exemplitude d'Elcus, Pere d'icelui
Achiles, qui le pourvût de ce bon Phenix,
pour lui servir dans son éducation, & pour
être sa conduite. —

Et vous Maîtres, cultivez ces jeunes plantes dignement, en leur faisant attandre la force
& la capacité de produire toutes sortes de
bons fruits. —

Je parle aux negligens, car les sages sont
beaucoup au-dessus de ce que l'on peut dire. Et
afin de joindre l'action de l'Enfant à mon zele,
j'ai tiré ce qui m'a semblé le plus profitable des
anciens qui ont traité cette matiere, ne me pre-
tendant rien attribuer du leur, pour éviter de
faire comme la Corneille d'Esope, qui s'enri-
chit sottement du plumage d'autruy. —

LA CIVILITÉ

Puerile & Honnête, enseignant la manière d'aprendre facilement à bien lire, prononcer & écrire.

Et comme se doivent gouverner ceux qui ont charge d'enseigner les Enfans

Celui qui donne commencement d'instruction à la petite Jeunesse, doit particulierement avoir soin que ses Dis-
ciples prononcent bien distinctement les mots,
soit en François ou en Latin.

Il faut aussi les accoûtumer à bien accentuer,
ce qui se fera en les avertissant d'élancer un peu
leur voix quand ils prononcent les syllabes sur
lesquelles ils voyent les accents, comme il se
verra cy-après: ainsi l'Enfant aprendra par
coutume à bien prononcer, si l'enseigneur observe
les choses suivantes.

De manière qu'en instruisant la jeunesse dans
la crainte de Dieu, & s'acquittant de son devoir
le Maître aura d'autant plus de merite devant
Dieu qu'il en sera aussi responsable, s'il neglige
un soin si juste & si necessaire, & que Dieu & les

Somme luy recommandent si étroitement. Voici la maniere de bien & brièvement enseigner.

Loüé soit le Saint Nom de Dieu.

Le premier jour,   a, b, c, d,
Le second jour,   e, f, g, h,
Le troisiéme jour,   i, k, l, m,
Le quatriéme jour,   n, o, p, q,
Le cinquiéme jour,   r, s, t, u,
Le sixiéme jour,   v, x, y, z, &,

LE septiéme, il le faut faire reduire toutes ses lettres ensemble. Ainsi petit à petit l'apprentif fera bien plus de progretz, qu'en lui surchargeant la memoire, en menageant son esprit à la force de son jugement.

D'avantage, le Maître doit montrer la leçon deux ou trois fois au Diciple avant que de lui faire repeter sans trop s'attacher à se faire deviner: car une difficulté, particulierement à une Jeunesse, peut la fâcher ou rebuter; ce qu'au contraire le temps, l'usage & l'experience se rendent capable de concevoir, ce que ne peut faire la précipitaton.

Alphabet de plusieurs écritures pour mieux instruire les Enfans en icelles.—

La prononciation des lettres de l'Alphabet.—

Lettres Romaines Capitales.—

A, B, C, D, E, F, G, H, I, K, L, M, N, O, P, Q, R, S, T, V, U, X, Y, Z.—

Lettres Capitales Italiques.—

A, B, C, D, E, F, G, H, I, K, L, M, N, O, P, Q, R, S, T, V, U, X, Y, Z.—

Lettres Françoises.—

a, b, c, d, e, f, g, h, i, k, l, m, n, o, p, q, r, s, t, u, v, x, y, z, &, ff, ff, ff.—

Capitales.—

A, B, C, D, E, F, G, H, J, k, L, M, N, O, P, Q, R, S, T, V, U, Z.—

Voyelles. a, e, i, o, u.—

Consonnantes.—

b, c, d, f, g, h, l, m, n, p, q, r, s, t, v, z, C'est ainsi que l'on prononce, boi, cop , doi, être, oste, elle, en, mie, &c.—

La manière de prononcer les Syllabes.

Ba, be, bi, bo, bu.	Na, ne, ni, no, nu.
Ça, ce, ci, co, cu.	Pa, pe, pi, po, pu.
Da, de, di, do, du.	Qua, que, qui, quo, quu.
Fa, fe, fi, fo, fu.	Ra, re, ri, ro, ru.
Ga, ge, gi, go, gu.	Sa, se, si, so, su.
Ha, he, hi, ho, hu.	Ta, te, ti, to, tu.
Ja, je, ji, jo, ju.	Va, ve, vi, vo, vu.
La, le, li, lo, lu.	Xa, xe, xi, xo, xu.
Ma, me, mi, mo, mu.	Za, ze, zi, zo, zu.

Autres Syllabes.

Bail, fail, mail, gail, rail, sail, nail.

Mots d'une Syllabe.

Blanc, bleu, bœuf, beuf, boit.
Caul, cent, cinq, ceux, corps, cœurs.
Dieu, dans, dix, droit, d'un, deux.
Eau, es, aux, eut, est, œuf.
Frais, fraiz, froid, feint, front, fol, fut.
Gras, grand, grief, gros, gris, gens.
Haut, haï, hars, hors, heur.
Jean, jours, j'en, j'ai, ils, il.
Lait, laid, lard, l'an, lors, l'air, l'œil.
Mais, mon, mot, moult, mur, mort, mal.
Nerf, n'ont, neuf, nous, noms, n'y,

prononcer

Pain, pour, prompt, peut, par, peu, puis.
Quand, quel, qu'il, qu'eux, qui, qu'ont.
Rat, rend, Roy, rien, rez, ris.
Sain, seul, sont, soit, saoul, sourd.
Tant, trois, trop, tout, tel, Tours.
Sant, vin, vent, veut, vol, vent, vaise.

Lettres appellées ligatures.

Es signatures sont faites de deux lettres qui sont liées ensemble, côme voici, ch, ct, &c, en, in, cv, eu, æ, gi, ſo, ff, ſſ, ſt, &c.

Abbreviatures.

Abreviature est une lettre laquelle a deſſus, deſſous, ou à côté certain trait ſignifiant défaillance d'aucune lettre avec ſoy, comme ceux-ci : ā an, am, ē en, em : õ on, om, ū un, um : ꝰ pour us à la fin d'un mot.

Lettres finales pour mettre à la fin des lignes.

a, ſ, u : t, v, r, y, v, p.

De la ponctuation en general.

Jen que les langues ſoient differétes, elles n'ont pourtant que ſept ſortes de poctuation.

i, inciſum ou virgule.
ii : Comma.

iii. Punctum ou point rond.
iiii ? Interrogant.
v ! Admiratif.
vi. () Parenthese.
vii. - Division.

Le premier caractere est appellé en Latin insisum ou semicularis, & en françois Virgule : & sert pour separer les mots & simples sentences d'une matiere.

Le second est appellé Comma: tant par les Grecs que Latins, & sert à serrer les fermes sentences d'une matiere.

Le troisieme est nommé Colum par les Grecs, & par les Latins punctum; & en françois point rond, demonstrant la fin d'une matiere.

Le quatrieme est appellé par les Latins Interrogant? & se met à la fin d'une sentence par interrogation ; comme, Nicolas est-il là ?.

Le cinquieme differe un peu du quatrieme en figure, & est appellé Admiratif! servant d'admiration, comme qui diroit, O Dieu quel malheur !

Le sixieme est appellé Parenthese () & sert à serrer une sentence, laquelle se peut tirer de la matiere.

Et le septième & dernier appellé Division-
sert pour mettre au bout des lignes lors que le mot
n'est pas entier.

Des Accens.

Ccent est un point mis sur les lettres
servant à la difference de prononciation, comme beré : beré : offensé,
offensé, &c. & est appellé Accent aigu.
L'Accent grave est comme en ce mot, ou, qui
est en Latin ubi, au lieu de ou, qui est en Latin vel.

Il y a encore l'Apostrophe, laquelle signifie
défaillance de quelque voyelle, comme d'honneur, de honneur, d'autrui, de autrui, qui icelui,
que icelui, & divers autres dont la lecture
donnera la connoissance au Disciple.

Exhortation à l'Enfant.

On Enfant apprens doctrine dès ta
jeunesse, & tu trouveras sagesse qui te
durera jusqu'à ce que tu ayes les cheveux blancs. Eccl. 6

Approche d'elle comme si tu labouroit & se-
mois, & attens ses bons fruits. Car tu ne tra-
vaille guère en sa besogne, que tu ne mange bien-

tost ce qu'elle produit. Elle est fort aigre aux ignorans, & l'inscence ne fait point de séjour avec elle. Elle luy est en son endroit comme une forte pierre de touche, aussi il ne met guère à la jetter là. Mon enfant écoute reçoit mon propos, & ne refuse point mon conseil. Mets tes pieds dedans ses fers, & ton corps dans son carquan. Tends lui ton épaule & la porte, & ne te fâche point de ses liens. Approche d'elle de tout ton cœur, & tiens ce chemin de toute ta puissance. Suis sa trace & la cherche, & elle te sera manifeste, puis quand tu l'auras acquise ne la laisse point : Car en ta fin tu trouveras ton repos, & il te sera converti en liesse. Et ses fers te seront comme une platte forme & un ferme fondement & ses carquans pour des accoûtremens honorables. Car son atour est d'or, & ses liens sont de passements d'Hiacinte. Tu la vêtiras comme une robbe d'honneur, & la porteras sur toi comme un chapeau de triomphe. Contemple donc parfaitement les Statuts de nôtre Seigneur, & pense continuellement à ses Commandements ; alors il asseurera ton cœur, & le desir que tu as d'être sage te sera donné.

L'Enfant doit premierement connoître Dieu.

Dieu est tout Puissant, Sapience & Bonté, sans commencement ni fin, Verité immuable, juste & miséricordieux, un seul Dieu en trois Personnes : Le Pere, le Fils & le Saint Esprit, duquel sont fait toutes choses saintes, & toutes choses nous sont données.

Le Livre de l'Enfant.

Sois prompt Enfant, non seulement d'apprendre,
Le point d'honneur que j'enseigne à ton âge,
Mais de le mettre en effet pour te rendre,
Un jour viendras civil, discret & sage.

Devoir des Enfans à leurs Précepteurs

Toûjours le respect & la confiance doivent soûmettre l'Enfant aux ordres de son Maître : & comme dit le Sage aux Proverbes, le commencement de science est de craindre Dieu. Aussi après Dieu, son Pere & sa Mere, il doit regarder son Maître comme garant de sa conduite en se comportant sous lui simplement & humblement. Et pour luy faire connoître qu'elle doit être son devoir, nous parlerons premierement des mouvemens de sa fact vers le Ciel par dessus tous les autres animaux pour contempler la gloire de Dieu.

Modestie & simplesse des Enfans.

ON peut dire que l'adresse & l'esprit du corps marque la vigueur dans les Hommes : mais la modestie & la simplicité marque la noblesse aux Enfans du nombre desquels on peut compter ceux qui occupent leurs esprits à l'étude, & à connoître les Arts & les Sciences. Car ceux qui en possedent plusieurs, peuvent dire qu'ils ont des Memoires plus solides que celles que l'on voit dans ses riches Blasons : & c'est de quoi la sage Jeunesse doit travailler à embellir son Ecusson.

Maintien des yeux

POur faire reluire l'esprit de l'Enfant dans son visage, il faut que ses yeux soient doux & arrêtés, d'autant que toute autre contenance des yeux est blamable : comme de les avoir élevez & de travers, est marque de cruauté : vagues & effrayez signifie folie : guignant & clinant, demontre trahison : trop ouverts & larges, dénote un hébété ou niais : remuans souvent, decouvre l'inconstan-

te : égarez & éperdus, font voir trop d'éton-
nement & peu d'assurance : âpres & rudes,
du couroux & de la passion : assignans & ad-
journans de la lasciveté : Mais la douceur asseure d'un esprit femme. Aussi les anciens Phi-
losophes ont remarqué que le véritable signe de
l'ame se trouve parfaitement dans les yeux.

On peignoit autrefois les yeux baissez pour
marquer la modestie : mais on désapprouve à pré-
sent toutes ces affectations, & les sages ne sui-
vent qu'un maintien honnête & naturel.

Il y a néanmoins quelque contenance des
yeux que la nature donne aux uns d'une manière, & aux autres d'une autre : mais nous
ne parlerons que des mauvaises habitudes que les
jeunes gens peuvent contracter, afin que les con-
noissant, l'Enfant fasse valoir ce que la nature
lui a donné d'agréable, & corrige sagement,
& petit à petit, ce qu'elle luy a refusé.

Sourcils élevez.

Que l'Enfant se garde de retirer ses
sourcils, parce que cela marque de la
fierté, comme aussi de les élever,
qui est signe d'arrogance : ni les rabatre, qui

marque un rêveur & un homme qui pense à mal, mais qu'ils soient guais & tendres.

Front joyeux.

Pour le front il doit être étendu, joyeux & non froncé ni ridé, ce qui appartient à la vieillesse : il ne faut non plus qu'il soit allant & venant, ni de travers, toutes ces façons étant tout à fait opposées à la bien séance.

Du Nez.

Ayez sur tout qu'un Enfant soit propre du nez, & qu'en se mouchant il observe l'honnêteté, en se servant seulement de son mouchoir, se détournant un peu en ôtant, le plus qu'il luy sera possible, La connoissance de ces choses à la compagnie.

Souffler du Nez & ronfler

Enfler & souffler du nez n'est pas honnête ; cela appartient aux sensuels & gens mal regiez, à moins que d'avoir l'haleine haute, ou une difficulté de respirer. Il faut aussi s'empêcher de parler du nez ni le froncer, cela étant très-blâmable & contraire à la bonne éducation de la Jeunesse.

Eternûer

Eternüer.

S'IL arrive que tu sois forcé d'éternüer en compagnie, fais-le sans ostentation : comme ceux qui font grand bruit pour marquer leur force ; mais seulement en te détournant, faut ôter ton chapeau, prier la compagnie d'excuser, & la remercier.

Salüer quand on Eternüe.

L'Enfant qui éternüe en la compagnie de personnes âgées ou élevées au dessus de lui, il doit à proportion se soumettre, & leur marquer par son respect, son humble remerciement.

Jouës enflées.

QUant aux jouës, on n'y doit remarquer qu'une honte naïve, laquelle étant accompagnée d'une contenance, ni trop hardie, ni trop retenüe, marque une moderation qui fait voir la grandeur de l'ame, & bonne disposition de l'esprit. Au contraire, enfler ses jouës marque de l'arrogance : & les rabbattre ou ravaller, est signe d'un homme déconfit & déconforté, & qui sent la traison

Naturellement la bouche doit être fermée & sans aucune contrainte, & les lèvres se toucher doucement l'une l'autre sans les trop serrer ni trop séparer, & encore sans aucune mêlanges de grimaces, d'autant moins, que tels gestes peuvent tourner en habitudes, & devenir incorrigibles; aussi la Jeunesse s'en doit garder comme d'une chose fort dangereuse.

Bâiller.

Si d'avanture tu es contraint de bâiller en compagnie ou autrement, mets ta main ou ton mouchoir devant ta bouche & fais le signe de la Croix.

Quand on doit rire ou non.

Jamais ne rire, c'est faire comme un muet & un insensible: aussi de rire à tous propos, marque assurément un évinté & un fou. La sagesse ni la bien-séance ne permettent pas non plus à l'Enfant de rire de paroles sales & déshonnêtes; de même que de rire avec grand éclat & agitation de corps ty

quelque âge que ce soit. Il est encore ridicule de
hennir en riant, en sorte que la bouche s'en élargisse,
les dents se découvrent, les jouës se plient, ce
qu'il faut bien soigneusement éviter.

Ces paroles, je pisse de rire, je crève de rire,
j'ai pensé mourir de rire ou je pâme de rire,
sont des termes qu'il faut éviter de dire : Et
s'il arrive quelque chose où il y ait à rire, faut
cacher son visage de sa serviette ou de sa main.

C'est aussi sottise de rire sans cause Et tout seul :
toutefois si cela arrive, il est de la Civilité de
déclarer le sujet, Et s'il n'est pas honnête,
faut en supposer un autre pour ôter la pensée que
quelqu'un pourroit avoir, que ton ris seroit pour
se mocquer de lui.

Mordre ses Levres.

Mordre ses levres, est la geste d'une
personne qui ménace, à quoy on doit
prendre garde de s'adonner, aussi-
bien que de les lécher par les bords; mais stric-
tement tenir une contenance naturelle Et agréable, sans aucune affectation. Il est aussi mal-
honnête d'alonger les Levres comme voulant
faire la moüe.

'Est une action vilaine de tirer la langue pour se mocquer d'autrui : car outre que cela sent l'hypocrite & le Gapelopin, c'est encore l'action de ceux qui meurent par violence.

Cracher

Ne avant de cracher tourner sa tête, & avoir soin qu'on n'apperçoive point ce qui sera sorti de la bouche. Et si oy se rencontre dans un lieu où le trop de respect vous contraigne, crachez dans vôtre mouchoir & s'il se peut sans en donner connoissance. Il est sale d'avaler sa salive, comme de cracher sans necessité.

D'autres encore toussent & s'en font une habitude, ce qui marque un deffaut d'esprit & de memoire.

Rotter

Rotter tient plus d'un Porc que de la creature raisonnable, pourquoy on ne le doit faire qu'en extrême necessité : outre que l'estomach s'abitue facilement à ce défaut, particulierement lors qu'on le surcharge.

Vomir.

Our le vomissement qui n'est prouoqué ni par gourmandise, ni par yurongnerie, ce qui ne doit point arriuer, se peut souffrir, en se détournant, & en se retirant seul, si faire se peut.

Des Dents.

Ne sois point attaché à frotter tes dents comme font les filles, d'alun, de sel, ou d'urine comme sont les Espagnols, ce qui gâte les genciues. Et s'il est demeuré quelque chose entre tes dents, arrache-le auec le curedent sans te seruir des ongles ni de la pointe du coûteau.

Laver la Bouche.

De lauer sa bouche le matin auec de l'eau fraiche est honnête: mais c'est sotise de le faire souuent. De l'usage de la langue nous en parlerons en son lieu.

Tête nette.

Gratter sa tête ou son corps auec les ongles, est une chose sale, specialement si c'est par coûtume & non par necessité. C'est une chose grossiere & rustique de n'être point peigné, ce qui se doit soigneusement faire pour la netteté, & non pour l'attissement. Que les cheveux ne tombent sur les yeux ni sur les épaules. Se secoüer souvent sa tête appartient aux Chevaux fougueux.

Renverser les cheveux du front en haut, est mal; mais il est modeste de les partager avec la main ou le peigne.

Corps droit.

Le paresseux baisse la tête & serre les épaules, l'arrogant se renverse le corps; mais le sage se tient droit avec grace, & se garde bien sur tout que sa tête ne panche d'aucun côté, & que son maintien soit agréable.

Il faut tenir ses épaules justes sans les hausser ni baisser l'une plus que l'autre, ce qui est dangereux aux enfans, auxquels ces choses tournent en nature & rendent le corps contrefait, ainsi que l'habitude de se pancher, qui peu à peu forme une bosse: car les enfans sont comme les plantes qui ne se redressent de leur mauvais panchant que lors de leur tendresse.

Il est aussi mal séant de jetter ses bras en

arrière, & d'avoir une main sur le côté, l'un est,
contrefaire le Gendarme, & l'autre est soubçon-
neux & infidèle.

Membres honteux couverts.

NUL enfant sage ne doit jamais découvrir sans necessité ses parties
honteuses; attendu que la honte ac-
compagne la pudicité, & lui sert & garde: car celui
qui est sans honte, ne peut pas avoir beaucoup d'honneur. Et pour cela on ne'n doit permettre
l'attouchement ni la veue à aucune personne
sans necessité.

Retenir les urines & ventositez.

SI ne peut retenir ses urines & ven-
tositez, cela pourroit alterer sa santé:
ainsi en se voulant forcer d'être honnête; la santé du jeune Enfant en recevroit du
préjudice; mais il se doit retirer, ou s'il ne le
peut, le faire le plus secretement qu'il pourra.

Comme on se doit seoir ou tenir debout.

ÉTant assis, joint tes genoux & tes
pieds: & quand tu seras debout, tien-
les moderement ouverts. Et soit tes
jambes croisées, & mettre la jambe sur le genouil

sont autant de mauvaises postures: aussi bien que se tenir debout les bras croisez & les jambes serrées, ce qui marque l'Homme pensif & inquiet.

Les Italiens attribuent à l'Honneur la posture de mettre un pied sur l'autre, & croyent par là marquer de la Seigneurie; mais c'est plûtôt la posture d'un Paladin que d'un Enfant bien né.

Saluer quelqu'un.

Il faut ôter son Chapeau de la main droite, Le prenant par le bord en le baissant du même côté, & plier un petit le genouil droit avec un doux mouvement du corps, contentement dans le visage: & ainsi il fera la reverence à celui ou ceux à qui il doit parler. Toutefois s'il est obligé à faire plusieurs reverences, après l'avoir faite du pied droit, il la fera du pied gauche tant qu'il le jugera à propos.

Du Cheminer.

Marcher d'un pas rompu & feint, paroît mol & efféminé, & celui qui est trop hâté, marche en furieux. Il ne faut aussi que le marcher soit versant & chan-

cellant

cellant d'un côté ni d'autre, cette manière de marcher n'appartient qu'aux Suisses : comme brandiller les jambes étant assis, sent l'homme grossier & villageois.

De la propreté des Habillements.

UN habit propre fait remarquer la qualité de l'Enfant; mais il faut qu'il soit proportionné à sa qualité, ou bien au Païs & à la coûtume, de sorte qu'il ne soit trop magnifique & somptueux, ni trop mécanique : car il y a plus de marque d'esprit dans la propreté de la jeunesse, que dans la somptuosité.

Il y en a qui salissent leurs habits du dégout de leur urine, aussi-bien que leurs manches & leur poitrine de la pituite qui tombe de leur nez ou de leur bouche, & d'autres ont leurs habits toûjours traînants & mal attachez, qui est une grande marque de paresse : au contraire, la netteté des habits de l'Enfant fait assurement connoître qu'il est partagé d'autres bonnes qualitez; mais il faut observer que trop de volupté attire l'envie, & la simplicité donne de l'amour.

Comment il faut se maintenir à l'Eglise.

Tiens-toi dans un profond respect en passant devant une Eglise, & en tournant ton visage vers elle, fais une profonde reverence. Excite encore ta devotion quand tu passera devant une Croix ou une Image, soit en Ville ou à la Campagne.

Si tu passe dans une Eglise, fais-y toûjours ton Oraison avant que d'en sortir; mais plus particulierement quand on sert Dieu: aye une devotion entiere, comme devant ton Sauveur accompagné d'un million d'Anges: car si on croit insensé celui qui se tiendra couvert devant un Roy, qu'elle humilité ne dois-tu point avoir devant le Roy des Roys, environné de sa Cour Celeste.

Ne se point promener és Eglises.

On ne doit point se promener dans les Eglises à moins que vous n'y soyez conduits par le zéle & la devotion, d'autant que les Eglises ne sont dédiées que pour les Services Divins, pour les Sacremens, & pour les Prieres & Oraisons: car outre qu'il y a un

grand péché, c'est qu'il y a assez d'autres
lieux pour la promenade, sans profaner les Lieux
Saints.

Regarder le Predicateur & l'écouter bien attentivement.

Arrete tes yeux sur le Predicateur, que tes oreilles y soient attentives, & que ton cœur & ton esprit y tendent avec desir, affection & reverence, comme entendant Dieu parler par la bouche d'un homme.

Quand on doit se tenir debout ou a genoux pendant la Messe.

Leve toi quand on lit ou chante l'Evangile, & l'écoute dévotement: Quand on chante le Symbole ou Credo in Deum, & ces mots, Et Homo factus est, (il a été fait homme) mets toi à genoux, t'humilians en l'honneur de celui qui étant par-dessus tous les Cieux, c'est abbaissé soi-même jusqu'en terre pour te sauver. Et quand on leve Dieu, que tout ton corps soit tourné vers l'Autel, & ton cœur à Dieu.

C'est une mauvaise situation & n'avoir qu'un

genoüil en terre & s'appuyer le coude sur l'autre :
cela marque une devotion bien imparfaite.

Ce qu'il faut faire à l'Eglise dans le temps
de la Messe.

Employe le temps que tu passe en l'E-
glise avant & aprés la Messe en pieté,
& lis dans quelque Livre de devotion, car de causer & regarder çà & là, c'est
manque de foy, & il est inutile d'avoir été à
l'Eglise si tu m'en reviens meilleur, plus pur
& plus net.

La maniere de s'asseoir à Table, & comme
on doit s'y comporter.

Il faut sçavoir avant de s'asseoir à table, qu'il n'est pas permis civilement
d'en sortir & d'y revenir ensuite pour
finir le repas : ainsi il est de la prudence de pre-
voir ces inconveniens, en se précautionnant d'a-
bord de faire toutes les choses naturelles & necess-
saires pour ne pas tomber en de pareils incidens.

Il faut aussi remarquer, que celui qui se met
à table, doit entr'autres choses paroître quasi,

contant, & sans envisager les mets qui doivent servir au repas : car lors qu'on est triste &
morne à table, cela peut contrister les autres : pa-
rois donc contant, & n'affecte point d'être grand
parleur, maintient-y, comme par tout ailleurs,
une juste moderation & de la propreté, & particulierement dans les ongles, qui doivent toûjours
être bien coupez & bien nets.

La maniere de faire la sainte Benediction de la Table.

Egarde si on te commande de faire la Benediction, celui de la compagnie qui est le plus considerable, & après avoir nommé Jesus & Marie, continue ta Priere qui se peut faire ainsi.

Seigneur qui par ta Providence prevoi à nos necessitez corporelles par le moyen de tes créatu-res, desquelles nous prenons nôtre ordinaire refection. Nous te prions presentement de benir cette table, afin que l'usage d'icelle soit aussi-bien à nôtre salut comme à ta loüange & gloire. Ensuite fais le signe de la Croix : disant, Au nom du Pere, du Fils & du Saint Esprit. Ainsi soit-il.

Quand l'Enfant se doit seoir à Table.

Lors que chacun s'est placé, le jeune Enfant se peut placer & observer particulierement, que plus il s'humilie & moins il a d'indifference pour sa place, & plus aussi on l'estime sage & prudent. Il est encore plus brutal que civil de se jetter sur aucune viande que ce soit par avidité; car en cela, outre que la precipitation montre la gourmandise, c'est que ceux qui prennent cette méchante habitude, servent d'ordinaire de mocquerie en deux manieres, d'un côté de la Civilité, & du côté de l'interêt, qui tend à se rassasier; & l'autre arrivant que par trop d'empressement l'Enfant se brûle, il ne peut se dispenser de passer pour très incivil & très mal discipliné. Il en arrive aussi souvent de mauvais effets à l'égard de la civilité, s'il met le premier la main au plat, il doit en cela garder ce qui se dit de Socrate, qu'il n'a jamais bû du premier versé.

C'est aussi trés-incivil de tremper ses doigts ou son pain dans la saulce: il en faut prendre proprement avec une cuiller, & la

Viande ſe doit prendre avec la fourchette &
le coûteau sans choisir comme font les delicats
& friands : ce qui a donné lieu à ces vers
d'Homere.

Tant hardiment y ont les mains poſées.
Aux viandes devant eux appoſées.

De même, ſi ce qui eſt devant l'Enfant
eſt le plus conſiderable plat de la table, il ſe
doit garder d'en prendre le premier morceau,
& cependant prendre d'un autre plat auquel
on aura déja touché, afin qu'il ne paroiſſe en
lui aucune marque d'affectation pour quoi que ce
ſoit & ce qui ſera mis ſur la table.

L'incivilité & la mauvaiſe diſcipline ne
paroît pas moins dans ceux qui tournent le plat ;
étant à préſumer que cela ne ſe fait que pour at-
tirer quelque bon morceau vers ſoi, ce qui dans
une jeuneſſe paſſe pour ridicule.

Eſtant aſſis, faut avoir les deux mains
ſur la table, ſans qu'elles ſoient aucunement
jointes l'une & l'autre. C'eſt auſſi de mauvaiſe
grace de les mettre ſur les genoux, auſſi-bien
que ceux qui s'appuyent d'un coude ou des

deux sur la table, cela ne se pardonne qu'aux vieux & infirmes. Il n'est pas moins con-tre la bonne grace & la civilité d'incommoder ou gêner qui que ce soit à table, soit des coudes, des mains, des pieds ou autrement, & même parler peu, & d'une manière qui soit approuvée, & qui puisse plaire (s'il se peut) à toute la compagnie.

Se bercer dans son siège, & s'asseoir tan-tôt sur une cuisse, & tantôt sur l'autre, n'ap-partient qu'à gens infirmes ou qui sont pressez du ventre : partant il faut tenir un maintien gracieux.

Mets ta serviette sur ton bras, & sois peigné & bien propre. Dans certains lieux, on mange la tête découverte, ce qui se peut à cause du grand respect qu'on a pour ceux qui sont à table? mais là-dessus lors qu'on s'y rencontre, on at-tend les ordres de ceux qui doivent être parti-culièrement considerez, & après qu'ils ont parlé, il ne faut nullement insister.

Que le verre & le coûteau soient bien nets, le coûteau mis à droit, & le pain à gauche.

La

La maniere de couper le pain.

Rompre le pain du bout du doigt, ne se fait que par ceux qui croient en faire une galanterie : Quand à toy, coupe-le proprement avec le coûteau, en te souvenant que c'est le pain quotidien que tu dois demander humblement par ta Priere à Dieu, & qu'en le mangeant, tu le dois faire avec reverence, d'où vient la coûtume de baiser le pain tombé avant que le manger, pour reconnoître la bonté de celui qui nous le donne.

Du boire pendant le repas.

L'Enfant doit sur-tout être sobre sur le vin ; car en beuvant trop frequemment, outre que cela n'appartient qu'aux yvrognes, c'est que sa santé en peut souffrir aussi bien que ses forces, sa raison & son entendement ; donc pour prevenir cet effet, l'Enfant ne doit boire qu'à sa soif & toûjours avec de l'eau. Toutefois, si par complaisance il est forcé de boire deux ou trois coups, qu'il fasse ensorte de plaire à ceux qui l'en convient, en faisant semblant de boire, & s'excusant avec civilité & adresse.

Recevoir civilement ce qui est présenté à Table.

Si on vous présente quelque chose à table, tendez vôtre assiette, & le recevez humblement, quand même il ne seroit pas à vôtre goût: car il est déshonnête de choisir les viandes, aussi-bien que de lécher ses doigts ou autre chose, ce qui est rustique & sale.

Pour apprendre à trancher proprement les Viandes

Quand on tranche la viande, il faut observer qu'il faut trancher une épaule d'une manière, autrement un gigot, autrement un collet, autrement un haut côté, autrement un chapon, autrement un faisan, & autrement un canard: mais il seroit inutile de parler de ces choses, & l'Enfant les apprendra en observant ceux à qui ces fonctions appartiennent.

Seulement je diray en général, qu'il ne doit point choisir son appétit, ni offrir les viandes à qui il aura déja touché.

Il faut aussi se garder de tirer de sa bouche aucune chose pour la mettre sur son assiette; & si tu y a mis quelque viande que tu ne puisse

avaller, jette-la imperceptiblement, & s'il se peut,
dans des lieux commodes.

Ne jette rien du résidu de ta viande, ni sur
la table, ni sur la nappe, ni dans le plat, &
te garde de ronger les os, mais en te servant du
coûteau, tire-en la chair bien proprement.

Prens du sel avec la pointe du coûteau, &
s'il est éloigné de toi, il est libre de le demander civilement, avec humilité & sans trop
d'empressement; car ceux qui se hâtent & se pré-
cipitent semblent dérober ce qu'ils mangent.

D'autres mettent tant de choses à la fois dans
leur bouche, qu'elles font enfler leur joües:
Tels mâchent haut, & tels encore ouvrent les
narines comme s'ils devoient étrangler; ces actions
ou grimaces sont condamnables.

Lire ou parler quand on a la bouche pleine,
n'appartient qu'aux gloutons & babillards, il
faut que les paroles se prononcent distinctement
& rompent le cours du manger.

Ceux qui n'ont autre contenance à table que de
manger ou gesticuler, contrefont les rustiques, ti-
mides ou ignorans; mais l'esprit bien disposé,
au contraire, écoute pour apprendre & cherche,

& parler à propos pour plaire honnêtement à la
compagnie, regarde chacun d'un œil joyeux,
sans regarder derrière toi ni du coin de l'œil,
à un démontrant de la défiance, à l'autre de
la colère & du chagrin.

De la modestie à parler ou à rire.

angeant avec tes Supérieurs, ne
t'émancipe point de parler, s'ils ne
t'y conviènt. Souris-toi seulement
de ce qui sera dit pour rire, & si
c'est des paroles libres ou sales, fais sainte de les
entendre : car le silence dans l'enfant, lui tient lieu
de Vertu : aussi ne doit-il jamais répondre
avant avoir tout entendu ce qu'on lui dit : ce qui a
donné lieu à l'ancien Proverbe (tu rentre de pi-
ques) Aussi le sage Roi taxe de folie de répondre sans avoir entendu celui qui parle : mais faut
après l'avoir oüi distinctement, répondre civilement & avec liberté. Il faut aussi se garder
de dire aucune chose qui trouble la bonne chère,
ni qui touche la renommée d'autrui.

Garde-toi pareillement de dire aucune chose
qui puisse renouveller les douleurs passées d'au-
cuns de ceux qui son à table.

Ne trop blâmer ni loüer les Viandes.

Lâmer ni loüer les Viandes, comme de parler de leur prix, est aussi deshonnête; comme de rire de quelque sotise s'il s'en passe étant plus de la sagesse d'ignorer ces choses que de s'en mocquer.

Horace dit qu'on doit être en pleine liberté à table, & oublier facilement ce qui s'y passe, & dit, afin d'éviter d'en faire ailleurs des redites, qui sont toûjours vaines & souvent piquantes, & préjudiciables à quelqu'un.

En quittant la table, saluë le plus considérable, & ensuite toute la compagnie; & s'il t'est commandé de rendre grace, tourne ton visage vers le haut bout, & dit dévotement, Agimus tibi gratias Rex omnipotens, &c.

Et prens soigneusement garde en servant ou desservant de table, de rien repandre sur les habits d'autrui ni sur le linge, étant une marque d'un maladroit, aussi-bien que d'un mal propre. Et si tu mouche la chandelle, ôte-la avec le chandelier de dissus la table, & après l'avoir mouchée, mets ton pied sur la même, afin de n'incommoder personne.

Douce moderation dans l'Enfant.

Nier souffrir la faim aux enfans, c'est les affoiblir autant que ceux qui les font manger démesurément: car si l'un débilite les forces, l'autre offusque l'esprit. Il faut donc dès le commencement regler l'enfant, & lui donner à manger plûtôt souvent que rarement.

Des rencontres fortuites, & du salut.

Ne manque pas si tu rencontre des personnes élevées au-dessus de toy de leur ceder le pas en te détournant de leur chemin, & leur faisant humble reverence. Il ne faut jamais dire, qu'ai-je affaire de luy, je ne le connois point, il ne ma jamais fait de bien. Les civilitez sont plus pour vous que pour celuy à qui vous les faites, attendu que Dieu l'a ainsi commandé, & Salomon ordonne d'honorer la personne âgée & élevée. Saint Paul dit que nous devons rendre double honneur aux Prêtres, aussi-bien qu'aux Gouverneurs & Magistrats, quand même ils seroient Heretiques ou Payens.

A l'egard des Peres & Meres, après Dieu,

c'est à eux qu'est dû le premier & principal honneur, toute la sainte Écriture est remplie de préceptes qui nous apprennent ce devoir : Il ne doit pas être guère moindre envers ceux qui nous enseignent, d'autant que ceux qui façonnent nos esprits , & nous rendent dignes de vivre sagement , font en nous une nouvelle génération aussi utile que celle qui nous est donnée par la naissance.

Pour nos égaux ou moindres que nous , outre qu'il nous est commandé par Dieu & par les regles de la société de les respecter, il est certain que c'est la véritable marque d'une bonne situation d'ame & d'esprit.

Du Parler.

Parle peu & parle bien , dit le Proverbe : mais parle amiablement, doucement & civilement, & sois soigneux d'avoir la tête découverte, & fais remarquer en toy une honnête prudence, & une contenance assurée : ce qui donne à l'enfant des graces & qualitez qui ne s'effacent jamais : sur tout il doit se garder d'être legere en paroles, ce qui n'appartient qu'aux éventez & gens ausquels on ne peut ajoûter aucune foy.

Comment on doit regarder celui à qui on parle.

Egarde celui qui parle simplement & posément : garde-toi premierement de faire paroître dans les yeux rien de lascif ou de méchant. Baisser la veüe & regarder de travers, marque de la mauvaise conscience & de l'animosité.

Froncer le nez, le front, & hausser ou rider les sourcils, comme remuer les levres ou étendre la bouche ou la serrer ; toutes ces choses sont des grimaces que l'Enfant doit prendre garde de faire en parlant : comme de branler la tête, hausser les épaules, & autres postures qui rendent les personnes ridicules, & les font paroître peu sensées.

Ne point parler par signe.

Ire en tournant la tête, ou parler par signe sied mal aux Enfans, quoique quelquefois il soit permis aux hommes. C'est aussi très-mal de faire de grandes gesticulations & agitations, cela montre l'intemperance de l'esprit, & c'est parler du corps plûtôt que de la langue.

Que

Que le parler ne soit trop haut, & ne marche devant la pensée, mais moderé, & qu'il soit doux & distinct, car parler trop bref, empêche d'entendre, & fatigue l'auditeur.

Il n'est rien plus honorable & plus doux que le nom de Pere & de Mere : & il n'est rien si aimable que celui de Frere & de Sœur.

Si tu ne sçais point les titres particuliers de ceux à qui tu parles, tous sçavans doivent être appellez Maîtres, honorez tous Religieux, & les Reverends : tous égaux amis, tout homme & femme, Monsieur ou Madame.

Ne point jurer ni parler salement.

Toutes sortes de juremens sont blâmables & criminels : ceux qui jurent sans dessein & par coûtume, sont d'autant plus punisables que la Loy les condamne par ces paroles : Tu ne prendras point le Nom de l'Eternel ton Dieu en vain

Que le jeune Enfant ne prononce jamais aucunes paroles lascives ou deshonêtes, & qu'il bouche l'oreille à celles qui pourroient être dites en sa presence. Et si dans la conversation, il est forcé de nommer quelques membres honteux

F

qu'il déguise sagement la chose & s'excuse honnêtement.

Il en doit aussi user de la même manière s'il parle de quelque chose qui puisse dégoûter, comme d'un vomissement, d'un retrait, &c. faisant toûjours pareille excuse.

Raisonner sans emportement.

IL faut être exempt, en raisonnant, d'obstination, & se garder de dire, il n'est pas vrai : mais après avoir dit ses raisons, on peut demander excuse, & dire : J'ai donc mal entendu : ainsi l'Enfant marquera sa sagesse bien mieux qu'avec opiniatreté.

Ne ce point vanter, n'être point présomptif, ne blâmer ni quereller.

L'Enfant ne doit mépriser personne, ni se vanter de ses avantages: qu'il ne reprenne point: qu'il ne parle point contre la renommée d'autrui: qu'il ne blâme point les vices de nature, en appellant un borgne, borgne, un bâtard, bâtard, &c. Ainsi, il s'acquittera de la bien-veillance, au lieu des envies & jalousies qu'attirent infailliblement les médisances & les mépris.

Qu'il ne rompe le propos à personne, & qu'il n'ait aucune rancune : mais qu'il soit accommodant & ennemi des contestations.

Ne point reveler son secret.

NE pouvant garder ton secret, comment crois-tu que celui à qui tu te confie ait plus de retenuë que toy, & ne se confie aussi à quelqu'autre ; & ainsi de confidence, en confidence le secret devient notoire à tous, & souvent vient le joüet de l'imprudent qui la repété.

Ne se mêler des affaires d'autrui.

QUoi que tu sçache les affaires de quelqu'un, tu dois toûjours feindre de les ignorer, & te garder de t'en entretenir dans les conversations. Ne sois point non-plus curieux d'apprendre le secret d'autruy, & n'embitionne point de sçavoir ce qu'on te veut cacher.

Ne s'opiniâtrer aucunement au Jeu

A L'égard du jeu qui n'a été inventé que pour le divertissement & pour delasser nos esprits des études ou autres emplois, n'en fais aucun usage d'avarice, &

évite soigneusement les querelles & débats, sois desinteressé, & ne te sers point de ton rang, en méprisant ceux avec qui tu joües.

De faire métier & marchandise du jeu, n'appartient qu'aux vagabons : & il faut éviter les méchantes inclinations comme une peste.

De la Chambre, & comme on s'y doit comporter.

NE sois grand parleur, & en te deshabillant cache ce que la pudeur te commande de cacher : & sur tout, avant se coucher, fais dévotement tes prieres ordinaires, lesquelles je ne mets point icy, parce que tout Enfant doit premièrement sçavoir rendre ses devoirs soir & matin à Dieu, à qui il tient toutes choses : c'est pourquoi il ne peut trop religieusement s'acquitter de ce devoir.

Ressembler aux Peres en bonnes mœurs.

Ayant pris naissance dans l'honneur, tu dois t'efforcer non-seulement à la conserver, mais aussi à l'accroître. Et si tu es né dans la médiocrité, tâche par ton

assiduité & ta complaisance, à gagner avec les
soins ce que la fortune t'a refusé en naissant : car
souvent le merite recompense le deffaut de naissance ; & au contraire, la bonne naissance sans
merite s'abatardit —

Pardonner facilement & reprendre doucement.

On doit pardonner facilement : que les
défauts de ton ami ne te le rendent pas
méprisable, car chacun a ses imperfections : mais
celles d'un ami se doivent reprendre doucement & en particulier.

Voilà en bref ce que j'ai crû être necessaire
pour l'instruction des jeunes gens, tant pour la
méthode qu'ils doivent suivre pour parvenir aux
bonnes Lettres, que pour l'habitude des bonnes
mœurs & correction des imperfections dont la
nature nous charge souvent, & pour faire voir
les graces & vertus dont Dieu les a pourveus,
afin qu'en reconnoissant que c'est lui qui est Souverain Dieu, & Liberateur des avantages
que nous possedons pendant le cours de nôtre
vie. —

Fin de la Civilité.

Exhortations aux bons Enfans.

Enfans qui avez bon courage,
Perseverez de mieux en mieux,
Vous acquerrez un heritage,
Dont serez en tout tems joyeux;
Car quand viendrez à être vieux,
Vous jouirez en grande liesse,
Du fruit plaisant & gracieux,
Des labeurs de vôtre jeunesse.

Aux paresseux & lâches de courage.

Toi paresseux qui abuse du tems,
Va au fourmi, considere & contemple;
Tout son labeur, & si-bien tu l'entens
Tu y pourras apprendre un bel exemple.

Les menaces & punitions que Dieu a prononcées sur les Enfans désobéissans & rebelles à leurs Parens.

L Homme qui aura un enfant dé-daigneux & rebelle, qui n'obéira point à la voix de son Pere, ni à la voix de sa Mere, il sera lapidé & mourra. Deuterome 20.

Maudit soit l'Homme qui maudit son Pere & sa Mere. Deuterome 27.

Qui aura frappé son Pere ou sa Mere mourra de mort. Item, qui maudira son Pere ou sa Mere mourra de mort. Exode 21.

Le fol Enfant est douleur à son Pere, & l'Enfant confusible & infame détruit le Pere & lasse la Mere. Proverbe 16.

Celui qui maudit son Pere ou sa Mere, sa lampe sera éteinte dès tenebres. Proverbe 20.

Qui pille son Pere & sa Mere, & dit que ce n'est pas mal fait, celui est compagnon de l'Homme destructeur & brigand. Proverbe 8.

O combien est à blâmer celui qui abandonne son Pere. Et celui est maudit de Dieu qui courousse sa Mere. Eccl. 2.

Honore ton Pere & ta Mere: & qui maudit son Pere ou sa Mere soit mis à mort.

Cantique pour action de Graces après le repas, traduit d'Erasme.

Nous te rendons graces abondamment,
Pere, benin, generalement,
Reconnoissons que ta haute prudence,
Gouverne tout par ta grande Providence.
Tu es celui qui donne nourriture,

forces & vigueur à toute créature,
Donques, Seigneur, permets à tes Enfans,
Quis quand viendra le jour de leur trepas,
Fais les jouïr de l'immortel repas,
Qui est promis & préparé à ceux,
Qui de t'aimer n'ont été paresseux.
Tout ce que vous demanderez en Oraison ayant
foy, vous l'obtiendrez. *Matthieu 21.*

Le désir des Chrêtiens.

Huitain.

Dieu, nôtre Souverain bien,
Fais que nôtre cœur te désire,
Te désirant pour seul soûtien,
Fais qu'il te cherche en ton martire,
Te cherchant qu'il te trouve, ô Sire!
Te trouvant qu'il t'aime à jamais,
T'aimant qu'il serve ton Empire,
Te servant donne luy ta Paix.

F. J. M.

LES
QUATRAINS
DU SEIGNEUR DE PYBRAC,
Conseiller du Roy en son Conseil Privé.
PREMIER.

DIEU tout premier, puis Pere &
Mere honore,
Sois juste & droit, & en toute saison
De l'innocent prends en main la raison,
Car Dieu te doit là haut juger encore.

2 Si en jugeant la ferveur te commande,
Si corrompu par or ou par presens,
Tu fais justice au gré des courtisans,
Ne doute point que Dieu ne te le rende.

3 Avec le jour commence sa journée,
De l'Eternel le saint Nom benissant,
Le soir aussi ton labeur finissant,
Loüe-le encore & passe ainsi l'année.

4 Adore assis comme le Grec ordonne,
Dieu, en courant ne veut être adoré,
D'un ferme cœur, il veut être honoré,
Mais ce cœur-là il faut qu'il nous le donne,

G

5   Ne va disant ma main a fait cet œuvre,
     Ou ma Vertu ce bel œuvre a parfait,
     Mais dis ainsi, Dieu par moy l'œuvre a fait,
     Dieu est l'auteur de peu & bien que j'œuvre.

6   Tout l'Univers n'est qu'une Cité ronde,
     Chacun a droit de s'en dire bourgeois,
     Le Scite & More autant que le Gregois,
     Le plus petit que le plus grand du monde.

7   Dans le pourpris de cette Cité belle,
     Dieu a logé l'Homme comme en lieu saint,
     Comme en un temple où lui-même s'est peint,
     En mille endroits de couleur immortelle.

8   Il n'y a rien si petit dans ce temple,
     Où la grandeur n'apparoisse de Dieu,
     L'Homme est placé justement au milieu,
     Afin que mieux par tout il le contemple.

9   Il ne sçauroit ailleurs mieux le connoître,
     Que dedans soy, ou comme en un miroir;
     La terre il peut, & le Ciel même voir,
     Car tout le monde est compris en son être.

10   Qui a de soi parfaite connoissance,
     N'ignore rien de ce qu'il faut sçavoir,
     Mais le moyen asseuré de l'avoir,
     C'est se mirer dedans la Sapience.

11 Ce que tu vois de l'Homme n'est pas l'Homme,
   C'est la prison où il est enfermé,
   C'est le tombeau où il est enterré,
   Le lit branlant où il dort un court somme,

12 Ce corps mortel où l'œil ravi contemple,
   Muscles & nerfs, la chair, le sang, la peau,
   Et n'est pas l'Homme il est beaucoup plus beau
   Aussi Dieu l'a reservé pour son temple.

13 A bien parler, ce que l'Homme on appelle,
   C'est un rayon de la Divinité,
   C'est un atome éclos de Vanité,
   C'est un dégout de la Source Eternelle.

14 Reconnois donc Homme ton origine,
   Et brave & haut dédaigne ces bas lieux,
   Puisque fleurir tu dois là haut és Cieux,
   Et que tu es une plante Divine.

15 Il t'est permis de bien vanter ta race,
   Non de ta mere, ou ton pere mortel,
   Mais bien de Dieu ton vrai pere immortel,
   Qui t'a moulé au moule de sa face.

16 Au Ciel n'y a nombre infini d'idées,
   Platon s'est trop en cela mécompté,
   De nôtre Dieu la pure Volonté,
   Et le seul moule à toute chose née.

17
Il veut, c'est fait sans travail, ni sans peine
Tous animaux, jusqu'au moindre qui vit,
Il les a créez, les soûtient, les nourrit,
Et les défait du vent & son haleine.

18
Hausse tes yeux, la voute suspenduë,
Et beau lambris & la couleur des eaux,
Le rond parfait & deux globes jumeaux,
Et firmament éloigné de la vûë.

19
Bref, ce qui est, qui fut & qui peut être,
En terre, en mer, au plus caché des Cieux,
Sitost que Dieu l'a voulu pour le mieux,
Tout aussi tost il a reçû son être.

20
Ne va suivant le troupeau d'Epicure,
Troupeau vilain qui blasphême en tout lieu,
Et mécroyant ne croyent aucun Dieu,
Que le fatal ordre de la nature.

21
Et cependant se veautre & patroüille,
Dans un bourbier puant de tous côtés,
Et du limon des sales voluptez,
Il se repaist comme noire grenoüille.

22
Heureux qui met en Dieu son esperance,
Et qui l'invoque en sa prosperité,
Autant & plus qu'en son adversité,
Et ne se fie en humaine assurance.

23 Voudrois-tu bien mettre esperance seure,
En ce qui est imbecile & mortel,
Le plus grand Roy du monde n'est que tel
Et a besoin comme toi qu'on l'asseure.

24 De l'homme droit: Dieu est la sauve garde
Lors que de tout il est abandonné,
C'est lors que moins il se trouve étonné,
Car il sçait bien que Dieu lors plus le garde.

25 Les biens du corps & ceux de la fortune,
Ne sont pas biens à parler proprement,
Ils sont sujets au moindre changement,
Mais la vertu demeure toûjours une.

26 Vertu qui gist entre les deux extrêmes,
Entre le plus & le moins qu'il ne faut,
Ne prend en rien & rien ne luy défaut,
D'autrui n'emprunte, & suffit à soi même.

27 Qui te pourroit vertu voir toute nuë,
O qu'ardamment de toi seroit épris,
Puis qu'en tous temps les plus rares esprits,
T'ont fait l'amour au travers d'une nuë,

28 Le sage fils est du Pere la joye,
Mais si tu veux ce sage fils avoir,
Dresse-le jeune au chemin du devoir,
Mais ton exemple est la plus courte voye,

29   Si tu es né enfant d'un sage pere,
Que ne suis-tu un chemin ja battu,
S'il n'est pas tel, que ne t'efforce-tu,
En bien faisant couvrir ce vitupere.

30   Ce n'est pas peu naissant de tige illustre
D'être éclairé par ses predecesseurs,
Mais c'est bien peu luire à ses successeurs,
Que des ayeuls seulement prendre lustre.

31   Jusqu'au cercueil mon fils veuille apprendre
Et tiens perdu le jour qu'il s'est passé,
Si tu n'y as quelque chose amassé,
Pour plus sçavant & plus sage te rendre.

32   Le voyageur qui hors du chemin erre,
Est égaré, se perd dedans les bois,
Au droit chemin remettre tu le dois,
Et s'il est cheut, le relever de terre.

33   Aime l'honneur plus que ta propre vie,
J'entens l'honneur qui consiste au devoir
Que rendre on doit selon l'humain pouvoir,
A Dieu, au Roi, aux Loix, à sa Patrie.

34   Ce que tu peux, maintenant ne differe,
Au lendemain, comme le paresseux,
Et garde bien que tu ne sois de ceux,
Qui par autrui font ce qu'ils pourroient faire.

35 Hante les bons, des méchants ne t'accointe,
    Et mesmement en la jeune saison,
    Que l'appetit pour forcer la raison,
    Arme nos sens d'une brutale pointe.

36 Quand au chemin seur chu de ces deux sautes
    Tu te verras comme Alcide semond,
    Qui celle-là qui par un âpre mont,
    Te guide au Ciel loin des plaisirs infames.

37 Ne mets toy pied au travers de la voye,
    Ou pauvre aveugle & d'un piquant propos,
    De l'homme mort ne trouble le repos,
    Et du malheur d'autrui ne fais ta joye.

38 En ton parler sois toûjours veritable,
    Soit qu'il te faille en témoignage ouir,
    Soit que par fois tu veuille réjouir,
    D'un guai propos tes hôtes à la table.

39 La verité d'un cube droit se fonde,
    Cube contraire au leger mouvement,
    Son plan carré jamais ne se dément,
    Et en tous sens a toûjours même forme.

40 L'oiseleur cault se sert d'un doux ramage,
    Des oisillons, & contrefait leurs chants,
    Pour mieux aussi decevoir les méchants,
    Des gens de bien imitent le langage.

41 Et qu'en secret on t'a dit ne revele,
    Des faits d'autrui ne sois trop enquerant,
    Le curieux volontiers toûjours ment,
    L'autre merite dit être infidele.

42 Fais poids égal, & loyale mesure,
    Quand tu devrois de mil être apperçû,
    Mais le bien-fait que tu auras reçû,
    Rends-le toûjours ar tu quelque usure.

43 Garde soigneux le dépost à toute heure,
    Et si on veut de toi le recouvrir,
    Ne va subtil des moyens controuver,
    Dans un Palais afin qu'il te demeure.

44 L'Homme de sang te soit toûjours en haine,
    Hui sur lui comme fait le Tygre,
    Numidien sur le Tigre legere,
    Qui voit de loin ensanglanter sa plaine.

45 Et ce n'est pas tout ne faire à nul outrage,
    Il faut de plus s'opposer à l'effort,
    Du malheureux qui pourchasse la mort,
    Ou du prochain la honte & le dommage.

46 Qui a desir d'exploiter sa promesse,
    Dompte son ire, & son ventre & son feu,
    Qui dans les cœurs s'allume peu à peu,
    Soufflé du vent d'erreur & de paresse.

47 Vaincre soi-même est la grande Vertu,
Chacun chez lui loge ses ennemis,
Qui par l'effort de la raison soûmis,
Ouvre le pas à l'éternelle gloire.

48 Si ton ami a commis quelque offense,
Ne va soudain contre lui t'irriter,
Mais doucement pour ne le dépiter,
Fais lui ta plainte & reçois sa défense.

49 L'homme est fautif, nul vivant ne peut dire
N'avoir failli, és hommes plus parfaits,
Examinant & leurs dits & leurs faits,
Tu trouveras, si tu veux à redire.

50 Vois l'hypocrite avec sa triste mine,
Tu le prendrois pour l'aîné des Catons,
Et cependant toute nuit à tâtons,
Il court, il va pour tromper sa voisine.

51 Cacher son vice est une peine extrême,
Et peine en vain, fais ce que tu voudras,
A toi au moins cacher ne le pourras,
Car nul ne peut se cacher à soi-même.

52 Aye de toi plus que des autre honte,
Nul plus que toi par toi n'est offensé,
Tu dois premier si bien y as pensé,
Rendre de toi à toi-même le compte.

H

53 Point ne te chaille être bon d'apparence,
Mais bien de l'être à preuve et par effet,
Contre un faux bruit que le vulgaire fait,
Il n'est rempart tel que la conscience.

54 À l'indigent montre toi secourable,
Lui faisant part de tes biens à foison,
Car Dieu bénit et accroît la maison,
Qui prend pitié du pauvre misérable.

55 Las! que te sert tant d'or dedans ta bourse,
Au cabinet maints riches vêtemens,
Dans tes greniers tant d'orge et de froment
Et de bon vin dans ta cave une source.

56 Si cependant le pauvre nud frissonne,
Devant ton huis et languissant de faim,
Pour tout trésor n'a qu'un morceau de pain,
On s'en retva sans que rien on lui donne.

57 As-tu cruel, le cœur de telle sorte
De mépriser le pauvre infortuné,
Qui comme toi est en ce monde né,
Et comme toi l'image de Dieu porte.

58 Le malheur est commun à tous les hommes,
Et mêmement aux Princes et aux Rois,
Le sage seul est exempt de ses loix,
Mais où est il, las! au siècle où nous sommes.

59 Le sage est libre enserré de cent chaînes,
Il est seul riche, & jamais étranger,
Seul assuré au milieu du danger,
Et le vrai Roi de la fortune humaine.

60 Le menasse du Tyran ne l'étonne,
Plus se roidit quand il est agité,
Il connoît seul ce qu'il a merité,
Et ne l'attend hors de soi & personne.

61 Vertu és mœurs ne s'acquiert par étude,
Ni par argent, ni par faveur des Rois,
Ni par un Acte, ou par deux ou par trois,
Mais par coûtume & longue habitude.

62 Qui lit beaucoup & jamais ne médite,
Semble à celui qui mange avidement,
Et de bons mets surcharge tellement,
Son estomach que rien ne lui profite.

63 Un tel pourroit par temps devenir sage,
S'il n'eust cuidé de l'être tout-à-fait,
Quel Artisant fut onc maître parfait,
Ou premier jour de son apprentissage.

64 Petits ruisseaux font les grandes rivières,
Qui bruit si haut à son commencement,
N'a pas long cours non plus que le torrent,
Qui perd son cours és prochains fondrières.

65   Maudit celui qui maudit la semence,
      Et qui retient le salaire promis,
      Ou Mercenaire, & qui de ses amis,
      Ne se souvient sinon en leur presence.

66   Ne te parjure en aucune maniere,
      Et si tu es contraint faire serment,
      Le Ciel ne jure, ou l'Homme ou l'Element
      Ains par le nom & la cause premiere.

67   Car Dieu qui hait le parjure execrable,
      Et le punit comme il a merité,
      Et veut que l'Homme témoigne en verité,
      Parce qu'il est mensonger & muable.

68   En art sans plus en lui seul t'exercice,
      Et du métier d'autrui ne t'empêchant,
      Va dans le tien le parfait recherchant,
      Car exceller n'est pas gloire petite.

69   Plus embrasser que l'on ne peut étraindre,
      Aux grands Honneurs convoiteux n'aspire,
      Vser des biens & ne les desirer,
      Ne souhaiter la mort ni la craindre.

70   Il ne faut pas au plaisir de la cuisse,
      Se flatter retraindre le beau Doy;
      Et cependant livrer à l'abandoy,
      Les yeux, les mains, son oreille & sa bouche.

71 Ha! le dur coup que celuy de l'oreille,
L'homme en devient quelques fois forcené,
Même alors qu'il nous est assuré,
D'un doux parler plein de douce merveille

72 Mieux n' vaudroit des oreillettes prendre
Pour nous sauver de ses coups dangereux,
Que là s'armoient ses subtils valeureux,
Quand sur l'arret il leur failloit descendre.

73 Ce qui en nous par l'oreille pénètre,
Dans le cerveau coule soudainement,
On ne sçauroit y pourvoir autrement,
Qu'en tenant close au mal cette fenêtre.

74 Parler beaucoup on ne peut sans mensonge,
Ou pour le moins sans quelque vanité;
Le parler bref convient à verité,
Et l'autre est propre à la fable & au songe.

75 Du Memphien la grace contenance,
Lors que sa bouche il serra avec le doigt,
Mieux que Platon enseigne comme on doit
Reveremment honorer le silence.

76 Comme l'on voit à l'ouvrir de la perte,
D'un cabinet royal mains beaux tableaux,
Maintes antiquailles & tout ce que de beau,
Le Portugais des Indes nous apporte.

77 Ainsi dés-lors que l'homme qui médite,
Et est sçavant commence à sourrir,
Un grand tresor vient à se découvrir,
Tresor caché ou puits de Démocrite.

78 On dit soudain voilà qui fut de Grece,
Ceci de Rome, & cela d'un tel lieu,
Et le dernier tiré de l'Hébrieu,
Mais tout est plein d'une grãde sagesse (dre

79 nôtre heur pour grãd qu'il soit nous seble moin.
Les seps d'autrui portent plus de raisins,
Mais pour les maux que souffrent nos voisins
Sont moins que rien ils ont tort de se plaindre.

80 A l'envieux nul tourment je n'ordonne,
Il est de soi le juge & le bourreau,
Il ne peut onc de Denis le Coureau,
Supplice tel que celui qu'il se donne

81 Pour bien au vif peindre la calomnie,
Il la faudroit peindre comme on la sent,
Qui par bonheur d'elle ne se ressent,
Croire ne peut qu'elle est cette furie.

82 Elle me fait en l'air sa residence,
Ni sous les eaux, ni au profond des bois,
Sa maison est aux oreilles des Rois,
D'où elle brave & flétrit l'innocence.

83 Quand une fois ce monstre nous attaque,
Il sçait si fort ses cordillons noüer,
Que bien qu'on puisse enfin les dénoüer,
Restent toûjours ses marques & l'attache.

84 Juge ne donne en ta cause Sentence,
Chacun se trompe en son fait aisément,
Nôtre interest force le jugement,
Et d'un côté fait pancher la balance.

85 Dessus la Loy tes Jugemens arrête,
Et non sur l'homme, elle est sans affection,
L'homme au contraire est plein de passion,
L'un tient de Dieu, & l'autre de la bête.

86 Le nombre saint le juge par sa preuve,
Toûjours égal entier ou départi,
Et droit aussi en atomes parti,
Semblable à soi toûjours égal se trouve.

87 Nouvel Ulisse apprend du long voyage,
A gouverner Itaque en équité,
Maint à un scile & Caribde évité,
Qui heurte au Port & chez soi fait naufrage.

88 Songe long-temps avant que de promettre,
Mais si tu as quelque chose promis,
Quoi-que ce sont, fusse à tes ennemis,
De l'accomplir en devoir te faut mettre.

89
La Loy sous qui l'Etat sa force a prise,
Garde-la bien pour grosse qu'elle soit,
Le bonheur vient d'où l'on ne s'apperçoit,
Et bien souvent de ce que l'on méprise.

90
Fuis jeune & vieil de Circé le breuvage,
N'écoute aussi des Syrenes les chants,
Car en santé tu courras par les champs,
Plus abruti qu'une bête sauvage.

91
Vouloir ne faut chose que l'on ne puisse,
Et ne pouvoir que cela que l'on doit,
Mesurant l'un & l'autre par le doigt,
Que l'Eternel, moule de la Justice.

92
Changer à coup de Loy & d'ordonnance,
En fait d'Etat est un point dangereux,
Et si Lycurgue en ce point fut heureux,
Il ne faut pas en faire consequence.

93
Je haï ces mots de puissance absoluë,
Du plein pouvoir, & propre mouvement,
Aux saints Decrets ils ont premierement,
Puis à nos Loix la puissance tolluë.

94
Croire de leger & soudain se resoudre,
Ne discerner les amis des flateurs,
Jeunes Conseils & nouveaux serviteurs,
Ont mis souvent les hauts Etats en poudre.

Dissimuler

95 Dissimuler est un vice servile,
Vice suivi de la déloyauté,
D'où sort és cœurs des grands la cruauté,
Qui aboutit à la guerre civile.

96 Donner beaucoup sied bien à un grand Prince
Pourvû qu'il donne à qui l'a merité,
Par portion non par égalité,
Et que ce soit sans fouler la Province.

97 Plus que Seilla c'est ignorer les lettres,
D'avoir induits les Peuples à s'armer,
On trouvera les voulant désarmer,
Que de sujets ils sont devenus maître.

98 Ris si tu veux un ris de Démocrite,
Puisque le Monde est pure vanité,
Mais quelques fois touché d'humanité,
Pleure nos maux dès l'armes d'Heraclite.

99 A l'Etranger sois humain & propice,
Et s'il se plaint incline à la raison,
Mais lui donne les biens de ta maison,
C'est faire aux tiens & honte & injustice.

100 Je t'apprendrai si tu veux en peu d'heure
Le beau secret du breuvage amoureux,
Aime les tiens, tu seras aimé d'eux,
Il n'y a point de recepte meilleure.

101 Crainte qui vient d'amour & reverence,
Est un appuy ferme de Loyauté,
Mais qui se fait craindre par cruauté,
Luy-même craint & vit en defiance.

102 Qui sçauroit bien ce que c'est d'un Diadême
Il choisiroit aussi-tôt le tombeau,
Que d'affubler son Chef de ce bandeau,
Car aussi bien il meurt lors à soymême.

103 De jour de nuit faire la sentinelle,
Pour le salut d'autruy toûjours veiller,
Pour le Public sans cesse travailler,
C'est en un mot ce qu'Empire on appelle.

104 Je n'ay point vû prudence avec jeunesse
Bien commander sans avoir obéy,
Estre fort craint & n'être point hay,
Estre tyran, & mourir de vieillesse.

105 N'aille au bal qui n'aimera la danse,
Ni au banquet ne voudra manger,
Ni sur la mer qui craindra le danger,
Ni à la Cour pour dire ce qu'il pense.

106 Du médisant la langue venimeuse,
Et du flateur les propos emmiellez,
Et du moqueur les brocards enfiellez,
Et du malin la poursuite animeuse.

107 Haïr le vray, se feindre en toutes choses,
Sonder le simple afin de l'atraper,
Braver le foible, & sur l'absent draper,
Sont de la Cour les œillets & les roses.

108 Adversité & faveur & querelle,
Sont trois assauts pour sonder son ami,
Tel a ce nom qui ne l'est qu'à demi,
Et ne sçauroit endurer la coupelle.

109 Aime l'état tel que tu te vois être,
S'il est Royal aime la Royauté,
S'il est de peu, au bien communauté,
Aime-le aussi quand Dieu t'y a fait naître.

110 Il est permis souhaiter un bon Prince,
Mais tel qu'il est convient le porter,
Car il vaut mieux un Tyran supporter,
Que de troubler la paix de la Province.

111 A ton Seigneur & ton Roy ne te joüe,
Et s'il t'en prie il t'en faut excuser,
Qui de faveur des Rois cuide abuser,
Bien-tost sera assis au bas de la roüe,

112 Qui de bas lieu, miracle de fortune,
En un matin t'est haussé si avant,
Pense-tu point que ce n'est que du vent,
Qui calmera, peut-être sur la brune.

113 L'état moyen est l'état plus durable,
     On voit des eaux le plat Pays noyé,
     Et les hauts monts ont le Chef foudroyé,
     Un petit terre est seur & agreable.

114 Se peu de bien nature se contente,
     Et peu suffit pour vivre honnêtement,
     L'homme ennemi de son contentement,
     Plus a, & plus pour avoir se tourmente.

115 Quand tu verras que Dieu au Ciel retire
     A coup les hommes vertueux,
     Dis hardiment l'orage impetueux,
     Viendra bien-tôt ébranler cet Empire.

116 Les gens de bien ce sont comme gros termes
     Ou forts piliers qui servant d'arts-boutans
     Pour appuyer contre l'effort du temps,
     Les hauts Etats & les maintenir fermes.

117 L'homme se plaint de sa trop courte vie,
     Et cependant n'employe où il devroit,
     Le temps qu'il a, qui suffit luy pourroit,
     Si pour bien vivre de vivre avoit envie.

118 On ne sçauroit d'assez amples salaires,
     Recompenser celui qui t'a soigné,
     En ton enfance, & qui t'a enseigné,
     A bien parler, & sur tout à bien faire.

119 Et jeux publics, au théatre, à la table,
Cede ta place au vieillard devenu,
Quand tu seras en son âge venu,
Tu trouveras qui te sera semblable.

120 Si un ingrat en vers toy se démontre,
Pas augmentant le los de ton bienfait,
Le reprocher maint homme ingrat à fait,
C'est se payer que de bien faire montre.

121 Boire & manger, s'exercer par mesure,
Sont de santé les outils plus certains,
L'exerce en l'un de ces trois aux humains,
Hâte la mort, & force la nature.

122 Si quelques fois le méchant te blasonne,
Que t'en chaut-il, helas! c'est ton honneur
Le blâme prend la source du donneur,
Le los est bon, quand un bon nous donne.

123 Nous mentons tous, le vrai parler se change
Souvent le vice est du nom revêtu,
De la prochaine opposite vertu,
Le los est blâme, & le blâme loüange.

124 En bonne part ce qu'on dit tu dois prendre
Et l'imparfait du prochain supporter,
Couvrir sa faute & ne la rapporter,
Prompt à loüer & tardif à reprendre.

125 Celui qui pense, & se dit être sage,
Tiens-le pour sol, & celuy qui sçavant,
Se fait nommer, sonde-le bien avant,
Tu trouveras que ce n'est que langage.

126 Plus on est docte, & plus on se defie,
D'être sçavant, & l'homme vertueux,
Jamais n'est veu être presomptueux,
Voilà les fruits de ma Philosophie. FIN.

Table Pytagorique servant à la multiplication des nombres.

1	2	3	4	5	6	7	8	9
2	4	6	8	10	12	14	16	18
3	6	9	12	15	18	21	24	27
4	8	12	16	20	24	28	32	36
5	10	15	20	25	30	35	40	45
6	12	18	24	30	36	42	48	54
7	14	21	28	35	42	49	56	63
8	16	24	32	40	48	56	64	72
9	18	27	36	54	45	63	72	81

L'usage de cette Table est tel, que si (par exemple) vous voulez multiplier ces deux nombres *quatre* & *sept* l'un par lautre, & sçavoir quel nombre sortira de *quatre fois sept*, & entrez en la ligne de dessous où vous trouverez 4. & décendez en celle du côté où vous trouverez 7. puis traversez jusqu'au dessous de 4. vous trouverez qu'il en sortira 28. &c

Table de Numeration pour ſçavoir nommer
tant par nombre que par chiffres,
en leur valeur.

Un	1 j		Vingt	20
Deux	2 ij		Trente	30
Trois	3 iij		Quarante	40
Quatre	4 iv		Cinquante	50
Cinq	5 v		Soixante	60
Six	6 vj		Septante	70
Sept	7 vij		Octante	80
Huit	8 viij		Nonante	90
Neuf	9 ix		Cent	100
Dix	10 x		Deux cens	200
Onze	11 xj		Trois cens	300
Douze	12 xij		Qurtre cens	400
Treize	13 xiij		Cinq cens	500
Quatorze	14 xiv		Six cens	600
Quinze	15 xv		Sept cens	700
Seize	16 xvj		Huit cens	800
Dix-ſept	17 xvij		Neuf cens	900
Dix-huit	18 xviij		Mille	1000
Dix-neuf	19 xix		Dix mille	10000
Vingt	20 xx		Cent mille	100000

L'Auteur aux Enfans vertueux.

C'Est à bon droit que je suis incité,
De vous offrir ce mien petit ouvrage,
A celle fin qu'à perpetuité,
Servir il puisse à tous ceux de vôtre âge.
Pourtant vous prie que d'un entier courage,
Vous observiez ce qui y est compris,
Pour à chacun donner bon témoignage,
Qu'en bonne mœurs vous serez bien appris.
Vous y verrez maints propos convenables,
Pour vous servir de bonne instruction,
Chose qui est grandement profitable,
Et donc vous faut avoir fruytion.
Lisez y donc à telle intention,
Pour vous donner de vertu connoissance
Il est offert d'une dilection,
Qui vous souhaite à jamais accroissance.
Cela faisant à Dieu obéirez,
Et acquererez loüange incessamment,
De tout chacun, dont estimé serez,
Qui vous sera honneur durablement.
Car on ne peut faire plus justement,
Que de suivre toute bonne vertu,
Dont le sage est continuellement,
Dans tous ses faits abondamment vêtu.

F. I. M.

NOUVEAU TRAITE' D'ORTOGRAPHE,

Contenant les mots qui ont une même pronunciation & diverses significations, trés-utiles pour apprendre à lire & écrire correctement.

PREMIEREN T.

A

Abbaisse cette Table.
Abesse de Convent
accord de Procez.
accors, homme adroit
ais de sapin.
Aix en Provence.
és tu content?
ez environs de Paris.
aîle d'oiseau.
elle est bien faite.
air Paris est en bon air.
arres, donner des arres.
an, un an en France.
anchre de Navire.
encre pour écrire.
appareil, grand appareil.
aprés toy ou moy.
apprest, grand apprest.
appris, bien appris.
à prix, apprecier.
apris, il a apris.
apprendre une chose.
à prendre, bon à prendre.
autant, l'an passé.
en temps & lieu.
arçon de selle.

harsons la terre.
arc, d'arbalête.
art d'écrire ard, brûler.
assis, être assis.
à six, hommes.
agneaux, de brebis.
agneaux ou bagues.
autre, signifie trou.
entre luy & moy.
Anvers, Ville.
envers toy, envers moy?
appast de poissons.
appas: amorces.
à peler, pommes à pêler.
apeler quelqu'un.
petit, petit à petit.
appetit, bon appetit.
à pareil, semblable.
attachez-moy bien.
à tâche, être à la tâche.
asne, baudet.
Anne, Madame Anne.
asnon, petit baudet.
ha! non cela est faux.
au temps present.
ou, ou lui ou toy où es tu?
auvent de boutique.

K

au vent, jetter au vent.
avoir de l'argent.
à voir, cela est beau à voir

B

Bailler à quelqu'un.
brailler avoir sommeil.
belle fille, baille brebis.
bal, aller au bal danser.
bale de mousquet.
Basse ville, ban arriere-ban
ban pour s'asseoir.
bas de Soye, ou mettre bas.
bats de mulets.
batail de cloche.
bataille, donner bataille.
baud, espece de chien.
beau, que tu es beau.
bête, il est bête, bette rave.
boëte d'onguent, bois tortu.
boit, il boit, bon cela est bon
bond, du premier bond.
bouc, un bouc.
bout, le bout d'un bâton.
boul, le pot boul.
branle, la maison branle.
branle, danser.
bril, vient d'éclat.
bris, vient de fracture.

C

C à & là ; Sac, un sac.
sa mere, sa santé. cap, tête.
cape, court manteau.
ces gens-là.
ses parens & amis.
sep de vigne, sept ou huit.

cette femme-là.
c'est, c'est à lui à faire cela.
Séez, Ville.
ceins de sa ceinture.
Saint Jacques.
seing, signature.
sein, graisse de pourceau.
sain d'esprit, cinq ou six.
celle-là me plaît, sel du sel
scel, vient de sceau.
cens & rentes.
sans lui je ne puis rien.
Sens, Ville.
cent mille hommes.
sang, du sang.
chât d'aiguille.
chat, un chat, chaux vive.
cheau, petit Louveteau.
chaîne d'or ou d'argent.
chêne, bois de chêne.
chair, rôtie.
cher, cela est trop cher.
chaire à haranguer.
chaire, faire bonne chere.
champ à blé.
chant, plain-chant.
chef, la tête.
ches de cordonnet.
clair voyant.
Clerc de Procureur
cire d'Espagne.
Sire, le Roi, ci, venez ici.
scie, une scie.
si tu viens, si tu veux.
six ou sept.

chœur, enfant de chœur.
cœur, mon cœur. coi paisible
quoi tu ne viendras pas.
conseil donner conseil.
conseille, je vous conseille.
compte, rendre compte.
conte. conter des nouvelles.
Comte, Mr. le Comte.
comptant, payer comptant.
contant des fables.
content, es-tu content ?
cocq & poulle.
coque de noix ou d'œuf.
cor de chasse.
corps, j'ay mal dans le corps
cotte de femme.
cote de papier.
côte droite ou gauche.
Cour de Palais.
court, manteau court.
cours, viens de courir.
coût, loyal coût.
qu'où ? Interrogation.
coup de bâton.   (poulle
couver, mettre couver une
couvert, mettre le couvert.
creu, si je l'eusse creu.
crud, vient de crudité.
crue de riviere.
crin de cheval.
craint, vient de craindre.
crois. moi. croix de par Dieu
cuir, du cuir. cuire du pain
cy prés de moy.
Cyprés, arbre.

D

Dais de Prince.
des biens : des amis.
dez à joüer.
datte, prune datte.
datte de lettres.
dam à mon dam.
dans le logis.
dent, mal à la dent.
destin, fatal destin.
d'étain, pot d'étain.
deû de dette.
deu viens du devoir.
deux ou trois.
d'eux, je me mocque d'eux
dis tu cela tout de bon ?
dix ou douze.
dit, il a dit.
doüé de vertu.
Doüay, Ville.
doigt, le doigt de la main.
dois beaucoup.
Dole, Ville : dol, fraude.
Dom Philippes.
don en pur don.
dont il a fait cela.
donc, il est donc à Paris.
Dons Fleuve.
doux, un discours doux.
d'où, doù vient tu ?
dru & menu.
Dreux, Ville : du pain.
Duc, Monsieur le Duc.
durant trois mois.
Durand, Mr. Durand.

dos, le dos, dot de mariage

E

Encent pour parfumer.
en cent morceaux.
enquis d'où il étoit.
en qui se doit-on fier.
erre, vient d'assurer.
Aire, Ville.
eschet, il échet que tu aille
échec, joüer aux échecs.
écho, qui raisonne.
écho d'hôtellerie.
écri vient d'eclamation.
écrit, il a bien écrit.
épy, porc espy.
epic de bled. Epris, ému.
esprit, bon esprit.
étain, de l'étain.
éteint, le feu est éteint.
étang, où on met du poisson
étant, à Paris.
& luy & moy.
est il est à Rome.
Eu, Ville, eux, eux deux.
œufs, des œufs.

F

Fasse ce qu'il voudra.
face, belle face.
faim, j'ay faim.
fin, la fin du monde.
feint, feintise.
fait, il a fait cela.
faist de la maison.
fardàfarderfare de Messine
aux, cela est faux.

faut il aller à Paris?
fer du fer, faire ses affaires.
Fere, Ville. fils mon fils.
fi, cela ne vaut rien.
fille, belle fille, fit ulcere.
fil à coudre. flan, tartre.
flanc, mal au flanc.
foy, ma foi, foye, le foye.
fois: une fois deux fois.
fond, faire fond d'argent.
fonts de Baptême.
fors, il sçait tout, fors, &c.
fort, c'est un homme fort.
fosse, une fosse.
fausse signature.
fut il à Paris.
fût, plûtà Dieu qu'il fut ici
flaste, navire.   **G**

Geay, oyseau.
j'ay été à Rome.
j'ais, jais. je veux cela.
jet de pierre.
gelez, choux gelez.
je l'ay vû à Paris.
gehenne, torture.
Genes, satin de Genes.
gré, je lui sçai bon gré.
Grec de nation.
grés, du grés.
gril à rôtir. gris, drap gris
grip, gripper, rappine.
grès, gruau de froment.
gruë, une gruë, oyseau.
gueres, donner peu.
guerre, faire la guerre.

gué, boire au gué.
guet, faire le guet.

H

Hé, hé bien viens donc ça.
haye, une haye.
haï, que je te haï.
hâle, il fait grand hâle.
halle où on tient marché.
hau, bau, là hau.
haut, il est bien haut.
heure, une heure.
hure de broche.
huis ou porte.
huit ou neuf.
hôte, mon hôte.
hotte, une hotte.
ôte, ôte cela de là.

I

Jeune, il est bien jeune.
jeûne le Carême.
il est à Roüen.
Isle d'Oleron.
incontinent je m'en iray.
incontinens, debauchez.

L

La belle jeue fille.
las, je suis las lac de Geneve.
laps de tant lacer d'un lacet
lasser, se lasser en marchant.
l'an passé. Laon, Ville.
lens, tardif.
laid, que tu es laid.
lait du lait, lai Religieux.
lai de Sanglier.
leçon d'écolier.

le son d'une cloche.
le bon vin du matin.
legs de testament.
les parens & amis.
laisse cela lesse de chien.
laiton, du laiton.
le ton de musique.
levain, pâte de levain.
le vin est bon.
leur ami à tous deux.
leurre d'oiseau.
lieu, j'ay vû ce lieu-là.
lieuë, une lieuë.
lict, il est au lict.
lit, il lit des lettres.
lys, Fleur de lys.
Lion, un Lion Lyon, ville.
los de la jambe.
lots & ventes.
lot de partage. lon dit cela.
long, le bâton est long.
lors que tu voudras.
l'or, bon or, l'or est bon.
Luc, Saint Luc.
Lucques, Ville.

M

Ma mere. mast de navire.
mail, joüer au mail.
maille, denier, maille.
main, ma main.
maints, hommes.
Maire de Ville. mer la mer.
mere, ma mere.
mais pourquoy.
Metz, Ville. Mes parens.

Messe, la Messe.
Mante, Ville.
mente sauvage.
mal, j'ay mal,
mâle, mâle ou femelle,
malle de cuir.
Maître J. le Savetier.
mettre, mettre ordre.
Marc, S. Marc.
Mars, le mois de Mars.
marque la chasse.
marri, je suis dolent.
marry de Catherine.
marchand de Paris.
marchant en campagne.
matin, gros mâtin.
matin, il est matin.
meine moi là.
Maine, la Maine.
meur, le melon est mur
mur de maison.
moi & toi; mois de Mars.
mon compere.
mont, montagne.
Mons en Hynaut:
mords, viens mordre.
mors de bride.
morts, la mort. marrée d'eau

N

Naître, l'enfant naît.
n'être point icy.
net, il est pur & net.
n'est il point là?
nez, le nez du visage.
nay, l'enfant est nay.

ne lui ne moi.
nœud, noüet, neuf ou dix
Nard, fleuve des Sabins.
nard, fleuve: ni lui ni moi.
nid d'oyseau.
non cela n'est point.
nom, mon nom.
nos parens & amis.
noces de village.
an manifesté.
nud en pourpoint.
nuit, il est nuit.
nuit; il me nuit.
nous n'avons rien.

O

Oint, vient de graisse.
oint, vieux oint.
once, une once.
onze ou douze.
or il est de bon or.
ord, sale & ord.

P

Pain, du pain.
pin, pomme de pin,
peint, vient de peindre.
Pair, Pair de France.
paire d'heure.
pere mon pere: paix la paix.
pet, vient de peter.
par, ma foy: parc un parc.
part ma part pan, panneau.
Paon, un Paon.
pens de guet à pens.
pend, l'enseigne pend.
patte de chat.

pâte , la pâte de pain.
peché, c'est un grand peché.
pesché, arbre.
plaid de Procez.
Pau, fleuve ; *pot* , un pot,
poing , la main fermée,
poinct final.
point , cela n'est point,
poind d'aiguille.
poids , ou mesure,
pois , des pois.
poix , de la poix,
poisson , à boüillir.
poisson , du poisson,
poison , du poison,
pré , un pré.
prés du Château.
prest , il est prest.
pris, est pris.
prix , mettre à prix.
prix , cheval de prix.
Puy , ville d'Auvergne.
puis qu'il est temps.
puis , à puiser de l'eau.

Q

Quand tu voudras,
quant à toy.
quart , un quart,
sar , il est jour.

R

Rat, un rat.
rapt, vient de rapine.
rangs , tiens tang.
rends la bourse.
Remy , saint Remy,

remis en sa place,
reçû , j'ay reçû.
resçû , sçû & resçu.
ris, du *ris* de veau.
ric à ric : *Roy*, Sire le *Roy*.
roüet à filer.
romopt , le bâton rompt,
rond , bâton rond.
ros, roseau : *rost* viande rotie
rose , une rose : *rot* un rot,
ruë , la grande ruë.
rap ruisseau : *rust* lourdises,
rus d'amour.

S

Sa grande mere.
sas à bluter.
sac à procez ou autres,
saut , il fait le saut.
sor c'est un sor, *seur* & fidel,
sœur, ma sœur : sur la table
signe de la Croix.
cigne , oiseau.
sol, un sol : *sole*, bonne sole,
sor d'oiseau.
sors , du sors de propos,
sors , de crans.
soaul , il est saoul,
sous la table.
sainte Catherine.
ceinte de sa ceinture,
Xainte , Ville.

T

Tache , d'habits,
tasche , il est à tâche,
test , le crane.

tet à pourceux.
tan, taner le cuir.
temps, il est temps.
tant que tu voudras.
tante, ma tante.
tente de tapisserie.
taon, grosse mouche.
ton bien. Thon, poisson.
tard, il est tard.
tasse d'argent.
taxe d'ingratitude.
taux, vient de taxe.
tost, vien bien-tôt.
tête de mouton.
tette, l'enfant tette
thin, du thin herbe.
teinct, de couleur.
tord, vient de tordre.
torts, tu as tort.
tours d'adresse.
tour du Château.
Tours, Ville. toy ou moy?
toist de maison.
trois ou quatre.
Troyes, Ville.
trop ou trop peu.
trot, le cheval trote.

V

Vain, le temps est vain.
vin, le bon vin.
vingt ou trente.
vint, il vint chez moy.
vient de m'apprendre.
ver de terre, verre à boire

verd, drap verd.
vers, rimes ou vers.
van, vaner.
vend de Nord,
vend moy ton bien.
veau, un veau.
vaut vingt écus.
vaux, vallées.
vesce pour les pigeons.
vesse vient de vessir.
vœu, j'ay fait un vœu.
vû, pourvû que.
vis-à-vis de moy.
vis, pressoir.
vice, plein de vice.
vil, objet méprisable.
Ville, Paris bonne Ville.
vid, vient de veüe.
vit, il vit encore.
vîte, aller vîte.
voir, viens moi voir.
voire, même.
voix pour chanter.
vois le travail.
voye, le chemin.
Urbain, Saint Urbain.
Urbin, Duc d'Urbin.
usé, mon habit est usé.
Uzez, Ville.
vril, instrument.
utile, mon petit Traité
d'Ortographe,
est utile.

FIN.